AF495875

CHOIX

DE

MÉDAILLES GRECQUES,

PAR

H. D. DE LUYNES,

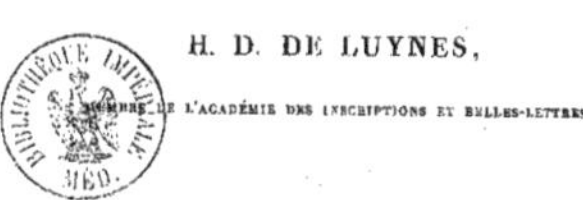

MEMBRE DE L'ACADÉMIE DES INSCRIPTIONS ET BELLES-LETTRES.

PARIS,

TYPOGRAPHIE DE FIRMIN DIDOT FRÈRES,

IMPRIMEURS DE L'INSTITUT DE FRANCE,

RUE JACOB, 56.

1840.

CHOIX

DE

MÉDAILLES GRECQUES.[1]

PLANCHE I.

N° 1. Populonia . . . . AR.
2. . . . . AR.
3. . . . . AR.
4. . . . . AR.
5. Fæsulæ . . . . AR.
6. Pièce frappée par les Samnites durant la guerre sociale . . . . AR.
7. . . . . AR.
8. . . . . AR.
9. Cumæ . . . . AR.

N° 10. Cales . . . . AR.
11. Phistelia . . . . AR.
12. Neapolis . . . . AR.
13. . . . . AR.
14. . . . . AR.
15. Nola . . . . AR.
16. Teanum . . . . AR.
17. Pièce frappée en Campanie, sous la domination romaine . . . . AV.

PLANCHE II.

1. . . . . AV.
2. . . . . AV.
3. . . . . AR.
4. Arpi . . . . AR.
5. Tarentum . . . . AV.
6. . . . . AV.
7. . . . . AV.
8. . . . . AV.
9. . . . . AV.
10. . . . . AV.
11. . . . . AV.
12. . . . . AV.
13. . . . . AV.
14. . . . . AV.
15. . . . . AV.
16. . . . . AR. marqué sur la planche AV.
17. . . . . AV.
18. . . . . AR.

PLANCHE III.

1. . . . . AR.
2. . . . . AR.
3. Heraclea . . . . AR.
4. Metapontum . . . . AV.
5. . . . . . *Cab. Dupré* . . . . AR.
6. . . . . AR.
7. Posidonia . . . . AR.
8. Sybaris . . . . AR.
9. Thurium . . . . AR.
10. . . . . AR.
11. . . . . AR.
12. . . . . AR.
13. Velia . . . . AR.
14. . . . . AR.

(1) Ce titre et l'explication des planches ne sont que provisoires, le texte devant être publié dans le cours de cette année.

15. .... AR.
16. .... AR.
17. .... AR.
18. Caulon .... AR.
19. Croton................... AR.
20. .... AR.
21. .... AR.
22. .... AR.
23. .... AR.
24. .... AR.

PLANCHE IV.

1. Croton .... AR.
2. .... AR.
3. .... AR.
4. Locri epizephyrii .... AR.
5. .... AR.
6. .... AR.
7. .... AR.
8. .... AE.
9. Medma................... AE.
10. .... AE.
11. Nuceria.................. AE.
12. Peripolium?.............. AR.
13. Rhegium .... AR.
14. Terina .... AR.
15. .... AR.
16. .... AR.
17. .... AR.
18. .... AE.

PLANCHE V.

1. Phistelia................. AR.
2. Phistelia et Posidonia...... AR.
3. Phistelia et Posidonia...... AR.
4. Molpa et Palinurus?....... AR.
5. Laus.................... AR.
6. Caulon.................. AR.
7. Croton.................. AR.
8. Croton et Pandosia........ AR.
9. Sybaris.................. AR.
10. Metapontum.............. AR.
11. .... AR.
12. Tarentum .... AR.
13. Croton et Sybaris?........ AR.
14. Tarentum .... AR.
15. Siris et Buxentum......... AR.

PLANCHE VI.

1. Agrigentum. *Cab. Dupré*... AR.
2. Camarina. *Cab. Révil*...... AR.
3. .... AR.
4. Catana.................. AR.
5. Gelas................... AR.
6. .... AR.
7. Himera.................. AR.
8. Leontini. *Cab. Dupré* ..... AR.
9. Zancle.................. AR.
10. Naxus. *Cab. Dupré*....... AR.
11. Panormus .... AR.
12. Selinus................. AR.
13. Syracusæ. .... AR.
14. .... AR.
15. .... AR.

PLANCHE VII.

1. Agrigentum .... AV.
2. .... *Cab. de France* ..... AR.
3. Camarina................ AR.
4. Catana .... AR.
5. Gelas................... AV.
6. .... AR.
7. Naxus .... AR.
8. Segesta................. AR.
9. .... AR.
10. Syracusæ............... AV.
11. .... EL.
12. .... AV.

13. . . . . AV.
14. . . . . AR.
15. . . . . AR.
16. . . . . *Cab. de France*. . . . . . AR.
17. . . . . AR.
18. . . . . AR.
19. . . . . AR.
20. Tyndaris. . . . . AR.

PLANCHE VIII.

1. Syracusæ . . . . AR.
2. . . . . AR.
3. . . . . *Cab. Dupré*. . . . . AR.
4. . . . . AR.
5. . . . . *Cab. Dupré*. . . . . AR.
6. . . . . *Cab. Dupré*. . . . . AR.

PLANCHE IX.

1. Abdera . . . . AR.
2. Maronea . . . . AR.
3. Macedoniæ provincia prima. . AR.
4. Mosses? . . . . AR.
5. Pæonia? . . . . AR.
6. . . . . AR.
7. . . . . AR.
8. Neapolis. . . . . AR.
9. Acanthus . . . . AR.
10. Alexander Pheræus. . . . . . . AR.
11. Larissa . . . . AR.
12. Arcades. . . . . AR.
13. Elis. . . . . AR.
14. Ætoli . . . . AV.
15. . . . . AR.
16. Locri. . . . . AR.
17. Argos . . . . AR.
18. Corinthus. . . . . AR.
19. Athenæ . . . . AV.
20. . . . . AR.
21. . . . . AR.
22. . . . . AR.

PLANCHE X.

1. Zacynthus. . . . . AR.
2. Cos. . . . . AR.
3. Cyzicus. . . . . AR.
4. Delos? Delphi?. . . . . AR.
5. Rhodus. . . . . AV.
6. Cyzicus. . . . . EL.
7. . . . . EL.
8. Harpagia? . . . . AV.
9. Cyzicus. . . . . EL.
10. . . . . EL.
11. Phocæa? . . . . AR.
12. . . . . AV.
13. Ilium? . . . . AV.
14. Clazomene? . . . . AR.
15. . . . . AR.
16. . . . . AR.
17. Lampsacus. . . . . AV.
18. . . . . AV.
19. Parium. . . . . AR.
20. Daldis? . . . . AR.
21. Incert . . . . AR.
22. Cyme. . . . . AR.
23. Carthago. . . . . AV.
24. Barce . . . . AR.
25. Cyrenæi. . . . . AV.
26. . . . . AV.
27. . . . . AV.

PLANCHE XI.

1. Daldis? . . . . AR.
2. Celenderis . . . . AR.
3. Side. . . . . AR.
4. Aspendus. . . . . AR.
5. Incert. . . . . AR.
6. Incert. *Cab. Dupré*. . . . . . AR.
7. Magydus? . . . . AR.
8. Mallus . . . . AR.
9. Incert. . . . . AR.
10. Tarsus? . . . . AR.
11. . . . . AR.
12. . . . . AV.

13. . . . . AR.
14. Incert. . . . . AR.
15. Aspendus. . . . . AR.
16. Incert. . . . . AR.
17. . . . . AR.
18. . . . . AR.
19. . . . . AR.
20. . . . . AR.
21. . . . . AR.
22. . . . . AR.
23. Tarsus . . . . AR.
24. Incert. . . . . AR.

PLANCHE XII.

1. Lydie? . . . . AR.
2. Cilicie? . . . . AR.
3. Égypte sous les Perses ? . . . AR.
4. Aradus ? . . . . AR.
5. . . . . AR.
6. . . . . AR.
7. . . . . AR.
8. . . . . AR.
9. Égypte sous les Perses? . . . AR.
10. Aradus . . . . AR.
11. . . . . AR.
12. Tarsus? . . . . AR.
13. Darique. . . . . AR.
14. . . . . AV.
15. . . . . AV.
16. . . . . AR.
17. Tarsus. . . . . AR.
18. . . . . AR.
19. . . . . AR.
20. . . . . AR.
21. . . . . AR.
22. . . . . AR.
23. . . . . AR.
24. Ionie sous les Perses. . . . . AR.
25. Cyprus . . . . AR.
26. . . . . AR.
27. . . . . AR.

PLANCHE XIII.

1. Hicetas . . . . AV.
2. Agathocles . . . . AR.
3. Pyrrhus. . . . . AV.
4. . . . . AV.
5. . . . . AR.
6. . . . . AR.
7. Hiero II . . . . AV.
8. . . . . AE.
9. . . . . AR.
10. Hieronymus . . . . AR.
11. Philistis. . . . . AR.
12. Gelo II. . . . . AR.

PLANCHE XIV.

1. Philippus II. . . . . AR.
2. Alexander III . . . . AV.
3. Demetrius Poliorcetes. . . . . AR.
4. Perseus. . . . . AR.
5. Lysimachus . . . . AV.
6. . . . . AR.
7. Antigonus . . . . AR.
8. Philetærus . . . . AR.
9. Mithradates . . . . AR.
10. Nicomedes II . . . . AR.

PLANCHE XV.

1. Nicomedes II . . . . AV.
2. Seleucus I. . . . . AV.
3. Antiochus I . . . . AV.
4. . . . . AV.
5. Seleucus II. . . . . AV.
6. Antiochus IV . . . . AR.
7. . . . . AR.
8. Antiochus V. . . . . AR.
9. Demetrius I. . . . . AR.
10. Alexander Zebina. . . . . . . AR.
11. Demetrius II. . . . . AR.
12. . . . . AR.
13. Antiochus VI. . . . . AR.
14. Trypho. . . . . AR.
15. Alexander Bala . . . . AR.
16. Antiochus VIII . . . . AR.
17. Euthydemus. . . . . AR.

PLANCHE XVI.

1. Ptolemæus Soter. . . . . AV.
2. Ptolemæus Soter et Berenice Ptolemæus Philadelphus et Arsinoe. . . . . AV.
3. . . . . AV.
4. Arsinoe . . . . AV.
5. Ptolemæus VIII ? . . . . AV.
6. Ptolemæus V . . . . AR.

PLANCHE XVII.

1. Hieronymus. . . . . AR.
2. Philippus Aridæus . . . . . . AR.
3. Philippus V. . . . . AR.
4. Lysimachus . . . . AR.
5. Seleucus I. . . . . AR.
6. . . . . AR.
7. Antiochus III . . . . AR.
8. Antiochus VIII . . . . AR.
9. Nicomedes I. . . . . AR.
10. Ptolemæus I. . . . . AR.

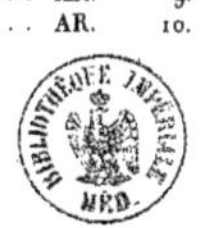

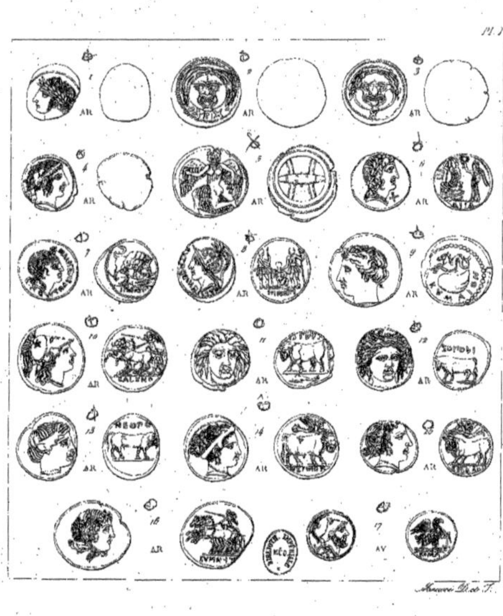

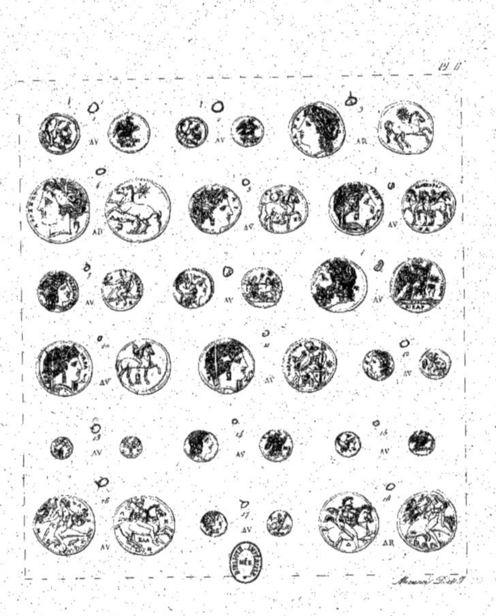

Pl. III.

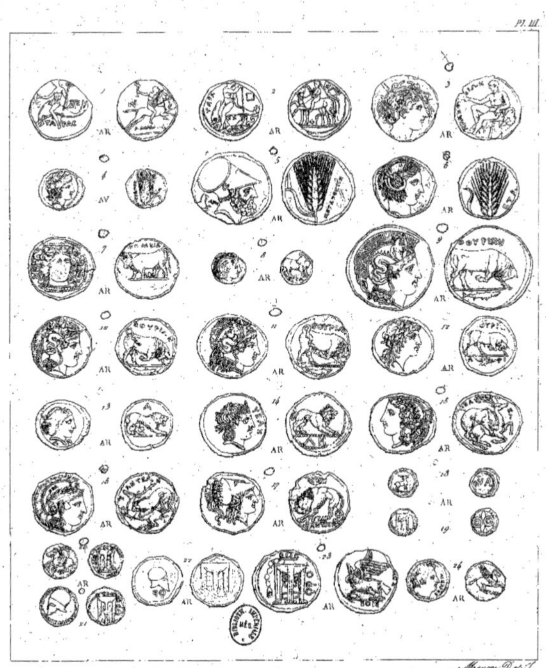

Pl. IV.

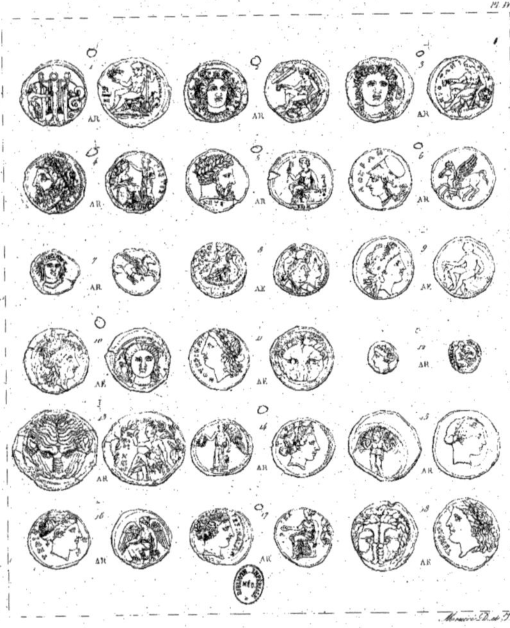

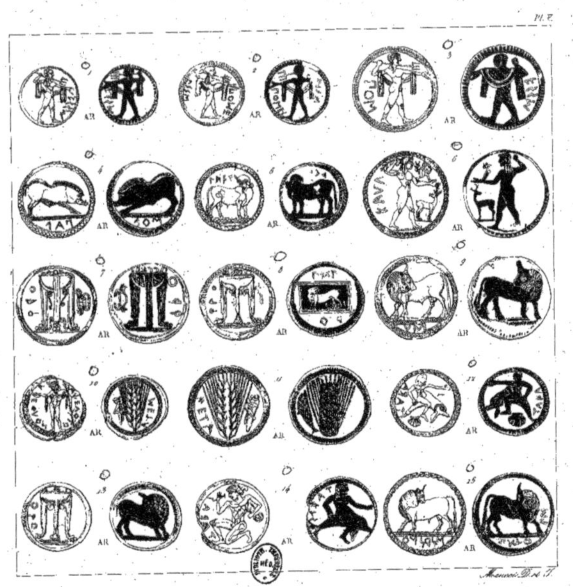
Pl. V.
AR
AR
AR
AR
AR
AR
AR
AR
AR
AR
AR
AR
AR
AR
AR

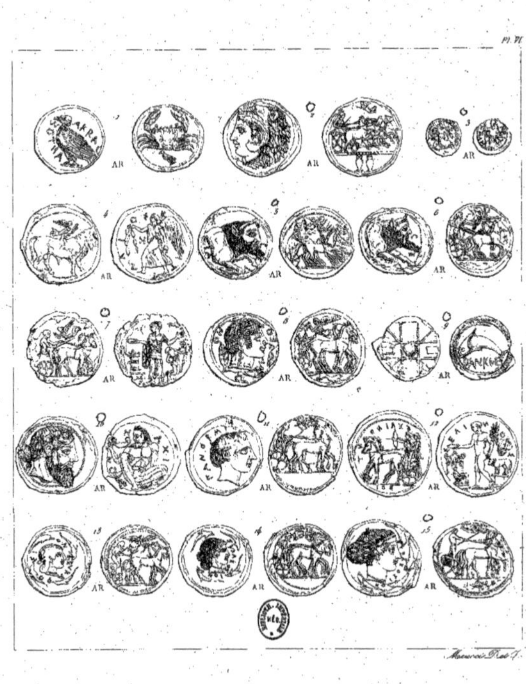
Pl. VI

Pl. VII.

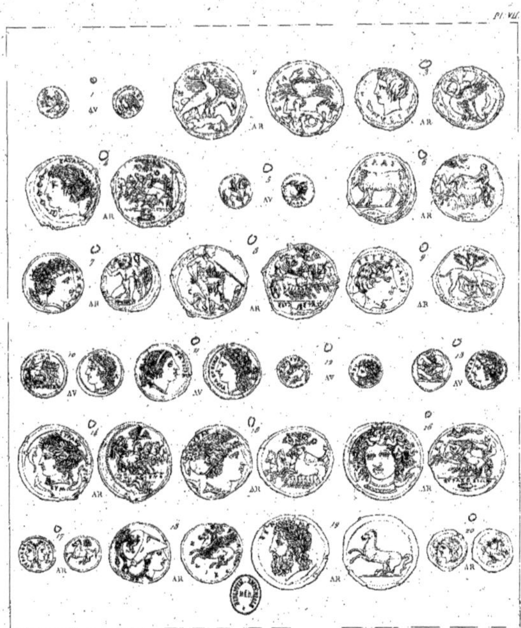

Mercer Del. et S.

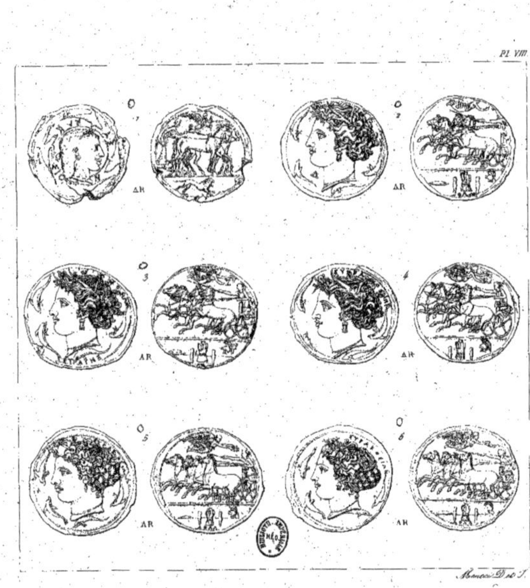
Pl. VIII

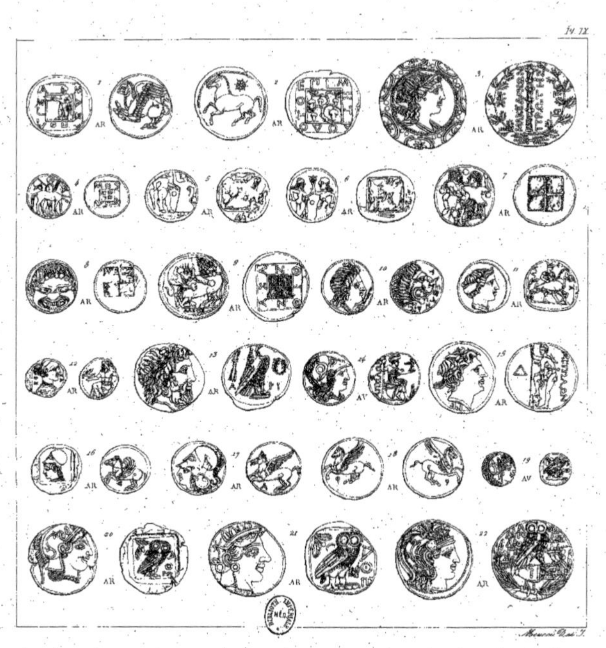

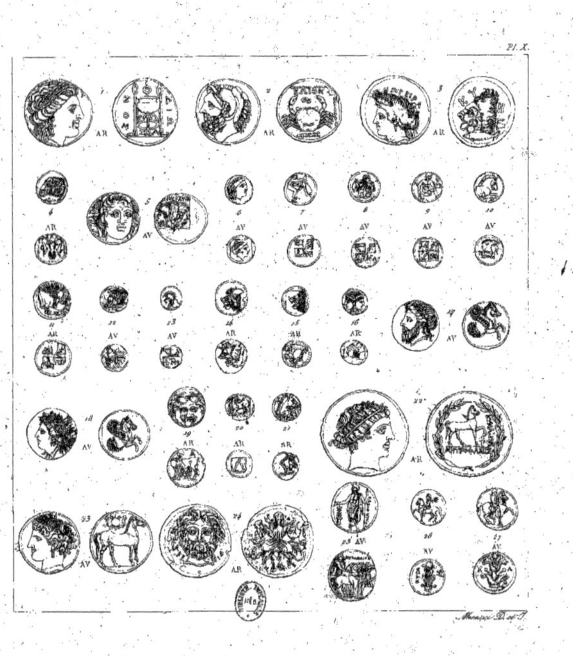

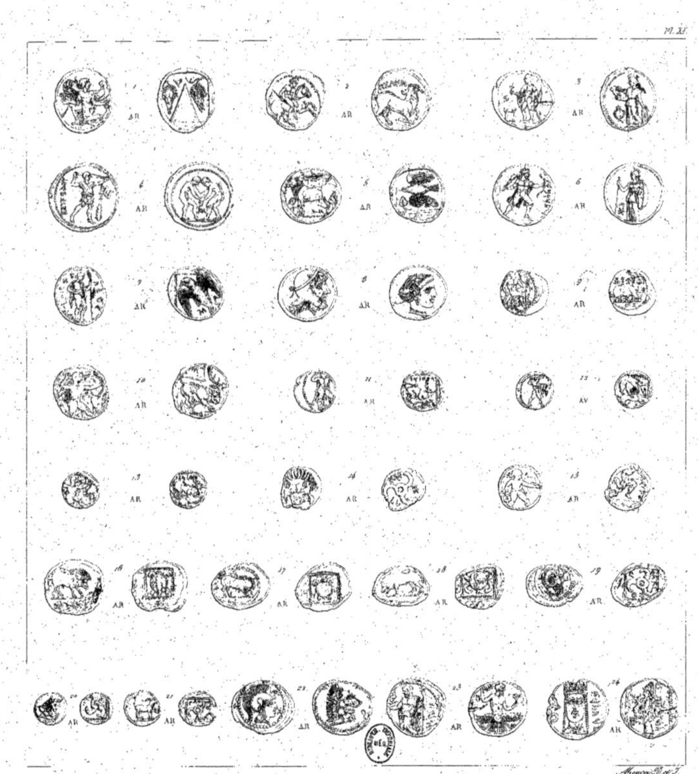
Pl. XI.

Pl. XII.

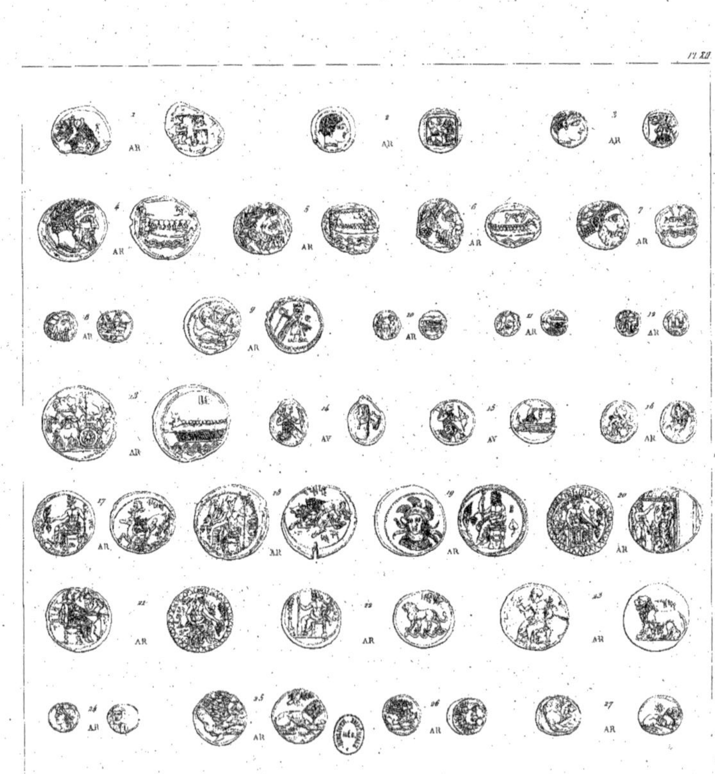

[illegible] Del. et F.

Pl. XIII

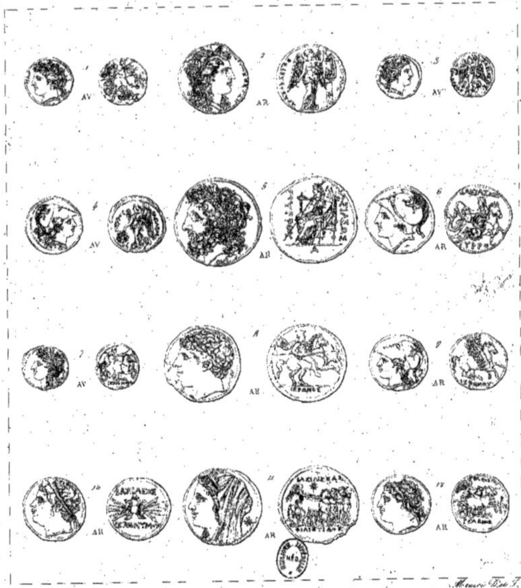

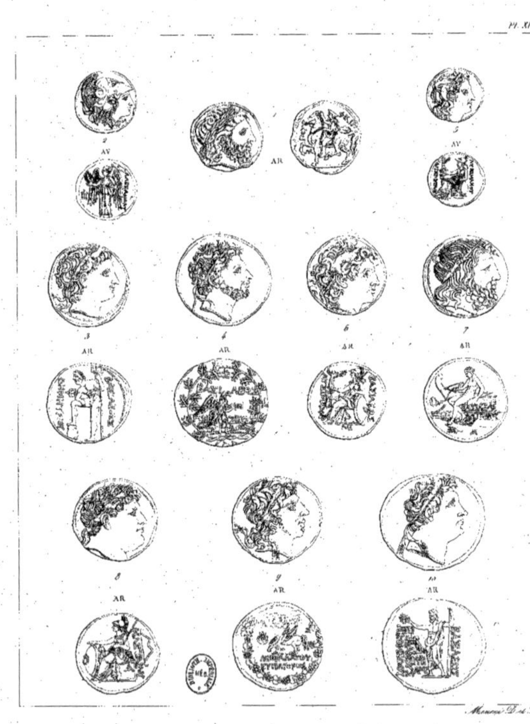

Pl. XIV.

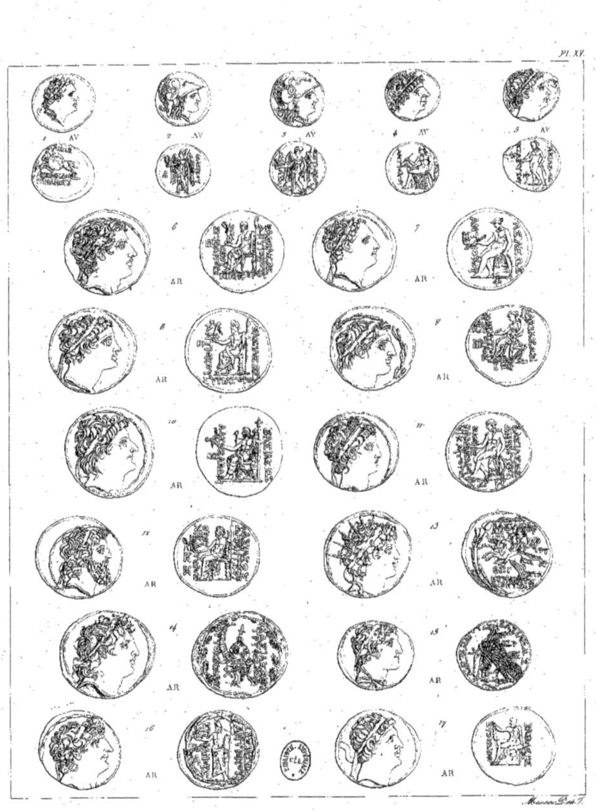
Pl. XV.

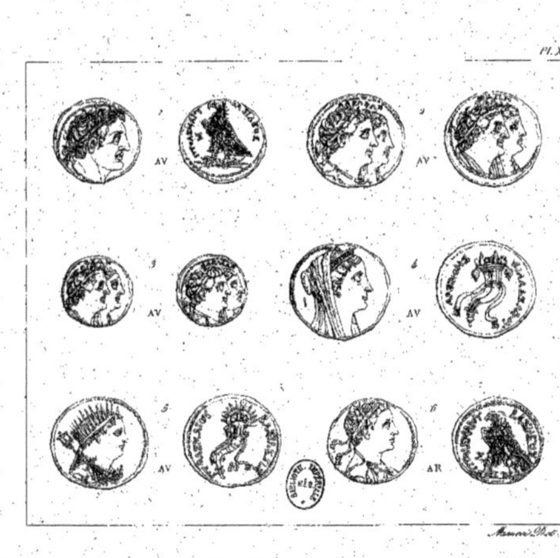

Pl. XVII.

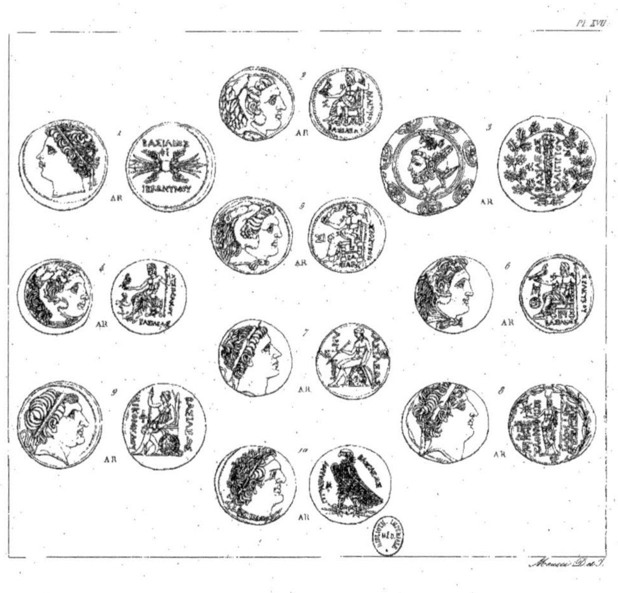

Moncei Del. et S.

www.ingramcontent.com/pod-product-compliance
Ingram Content Group UK Ltd.
Pitfield, Milton Keynes, MK11 3LW, UK
UKHW021031220726
13924UKWH00001B/241